별빛 같은 순간

최 세 경

사랑과 추억이 반짝이는 하루

별빛 같은 순간

초판 1쇄 발행   2025년 12월 8일

지은이_ 최세경
펴낸이_ 황태옥
펴낸곳_ 꿈나비북스
인쇄처_ (주)북모아
디자인 스튜디오- 폴리오903
.

주소_ 경북 포항시 남구 효성로 11
전화_ 080-610-7005
이메일- okst77@naver.com

ISBN: 979-11-995304-5-4
정가: 14,000

이 책은 저작권법에 따라 보호받는 저작물이므로 무단 전재와
무단 복제를 금지하며 이 책 내용을 이용하려면 반드시 저작권자
'꿈나비북스'와 도서출판 '창조와 지식'의 서면동의를 받아야
합니다. 잘못된 책은 구입처나 본사에서 바꾸어 드립니다.

'꿈나비북스'는 모든 작가들의 출판을 응원합니다.

"사랑과 추억이 반짝이는 하루"

별빛같은 순간

최세경

프롤로그

고향의 냄새, 아버지의 손
그리고 이름 모를 웃음들이
한 장의 시로 피어나 나를 부릅니다.

열다섯 소녀의 가슴에 품었던 꿈은
세월의 강을 건너 한 권의 시집으로 탄생 되었습니다

그때의 설렘과 추억
그리고 아직도 내 안에 피어 있는 사랑
가을빛처럼 고요히 번져옵니다.

늘 곁에서 힘이 되어준
남편과 가족에게 진심으로 감사의 마음을 전합니다

마지막으로
이 시집이 여러분의 마음에도
작은 별빛 하나를 밝혀주길 바라며 첫 장을 펼칩니다.

최세경

사랑과 추억 일상을 담은 이야기
별빛 같은 순간들, 마음에 남은 소소한 이야기
사랑과 추억이 반짝이는 하루, 이 시집 속으로

목 차

프롤로그 ····································· 4

1장, 사랑의 메아리 ····························· 12

그리움의 자리 ································ 14
다시 그 얼굴 ································· 16
눈꽃 그리움 ·································· 18
내 안의 손님 ································· 20
말은 부메랑 ·································· 21
너의 눈 ······································ 22
너에게 ······································· 23
짝사랑 ······································· 24

2장, 가을 문턱에서 ················ 26

가을에 핀 개나리 ···················· 28
단풍에 물든 계절 ···················· 29
비 오는 하늘 ························ 30
가을 문턱에서 ······················· 32
들꽃처럼 ···························· 34

3장, 여행 같은 인생 ················ 36

인생은 그리움 따라 ················· 38
머루 빛 그리움 ····················· 39
여행 같은 인생 ····················· 40
말 없는 진심 ······················· 42
가을 사랑 ·························· 43
밤의 친구 ·························· 44
시계 ······························· 45

4장, 언젠가 무지개 ····· 46

내 품 안으로 온 꿈 ····· 48
꿈을 품은 의자 ····· 50
언젠가 무지개 ····· 51
희망 습관 ····· 52
묵묵한 힘 ····· 53
텅 빈 하늘 ····· 54
마중물 ····· 55
용기 ····· 56

5장, 기억 속 별 이야기 ····· 58

여름, 국수를 이고 다니던 날 ····· 60
모래 한 줌에 담긴 사랑 ····· 62
오랜 친구 안경 ····· 64
길 위의 휴게소 ····· 65
봄이 남긴 편지 ····· 66
닮은 인생 ····· 68
별빛 사탕 ····· 70

6장, 작은 상자 속마음 ······ 72

사랑이라는 이름의 바람 ······ 74
웃음의 거울 ······ 76
아침 루틴 ······ 78
흰 도화지 ······ 80
신호등 ······ 82
유리병 ······ 84
커피 향 ······ 85

7장, 부모님의 깊이 ······ 86

자전거 위의 아버지 ······ 88
여름, 엄마의 밥상 ······ 90
아버지의 연필 ······ 92
엄마의 장갑 ······ 93
친정엄마 ······ 94

8장, 가장 든든한 우산 ················ 96

갈대가 살아가는 방법 ················ 98
달빛에 실은 기도 ················ 99
가장 든든한 우산 ················ 100
소나기와 보험 ················ 102
독서의 길 ················ 103
사랑을 신다 ················ 104

에필로그 ················ 106

▌글쓴이 최세경 ▌

한화생명금융서비스 20년
상담심리학전공

저서
[최팀장은 왜 보험 설계사가 되었을까?](전자책)
[내 삶의 버킷리스트], [내 삶의 건강비결]
[우리 엄마는], [우리 아빠는]
[우리 가족은]

수상경력
1985년 육사추모백일장 입상
2001년 제7회 옻골 문화축제 문예경연 입상

연락처
네이버검색: 최세경
구글검색: 최세경 설계사
최세경 칼럼
연락처: csk1719@naver.com

제 1장

사랑의 메아리

그리움의 자리
다시 그 얼굴
눈꽃 그리움
내 안의 손님
말은 부메랑
너의 눈
너에게
짝사랑

그리움의 자리

끝내 만나지 못한
다시 보자던 그 약속

이제는 닿을 수 없네

동네 골목길을 놀이터 삼아
함께 뛰놀던 개구쟁이 친구

다시 태어나면
나를 알아볼 수 있을까

그때는
오래도록 친구로 꼭 약속하자

네가 있는 그곳은
이젠 갈 수 없는 하늘나라

지금도
여름 햇살이 따가울까

약속을 지키지 못한
가을 어귀에 머물고 있을까

그리움은
소리 없이 남아

오늘도
너의 이름 부른다

다시 그 얼굴

복잡한 시장 한복판
어깨가 스쳤다

죄송합니다

짧은 인사에
발길 돌리려다

낯익은 얼굴에
눈길이 멈췄다

혹시
어디서 만난 적 있죠?

옅은 미소
서로 다른 부서
스치듯 오가던 그 얼굴

인연은
언제 어디서든
다시 만나구나

언젠가 다시
만날 수 있음을 잊지 말고

헤어질 땐
좋은 감정 남겨 두자
늘 마지막까지

눈꽃 그리움

꽃 피는 계절이라 했건만
눈 내리던 3월의 아침

벚꽃의 화려함은
이별 앞 수줍은 인사처럼
그리움 되어 흩날린다

펑펑 쏟아지는 함박눈
우산을 써도
옷깃은 젖어들고

햇살이 비쳐 와도
눈물 같은 눈발은
멈추지 않는다

겨울은 인사 없이 떠나고
봄은 머뭇거리며 다가와

연분홍 꽃잎 위
희미한 옛 기억처럼
하얀 눈이 내려앉는다
소복하게

지워질 듯, 쌓일 듯
그리움은 언제나

눈처럼 조용히
가슴에 내려온다

내 안의 손님

바람 따라
슬쩍 따라온 이름

잊었다 싶으면
노을 끝에서
또 손 흔든다

도망치듯 외면해도
결국

내 마음
한가운데 앉아
차 한 잔 달라며 버티는 손님

그리움
참 치우기 어려운
내 안의 오래된 친구다

말은 부메랑

말은 가볍게 던져도
결국 다시 되돌아오는
부메랑

진심은
말 뒤에 숨어
그림자처럼 머문다

겉모습만으로
단정 짓는 순간
우린 진심에서 멀어 진다

그는 오늘도
자신이 던진 말에
넘어지면서도 주절거린다

또다시
그에게로 돌아와
부메랑처럼

너의 눈

너의 눈을 바라볼 때마다
나는 조용히 고백한다

내가 사랑을 믿는 이유가
그 눈 속에 살아 있음을

너의 눈동자에는
지친 하루 감싸는 바다가 있고
내일을 건네는 별빛이 있다

나는 많은 말을 준비했다가도
결국 아무 말도 하지 못한 채
그저 너의 눈에 머문다

그곳에서 나는
가장 온전한 내가 된다

너의 눈은 나의 길이자
나의 고향이며
흔들릴 때마다 돌아갈 자리다

너에게

너는
바람 앞에서도
고운 선을 지키는 나무

깊은
어둠 속에서도
빛을 잃지 않는 작은 등불

나는
그 긴 시간을 바라보며
너의 강인함 속에 숨어 있는
따뜻함을 배웠다

그래서
오늘 너를 닮은
시 한 줄을 건네며
내 마음도 너처럼 환해진다

짝사랑

괜스레
얼굴이 붉어진다

그 애가 웃는 순간
내 하루가 몽땅 흔들려버린다

별일 아닌 눈웃음에도
심장은
운동장 끝까지 달려가고

이런 게 사랑일까

그 애 마음은
내가 아닌
다른 쪽을 향해 있는데도

나는 자꾸
그 애에게만 물들어간다

말 한마디 못한 채
멀리서 웃는 모습만 좇다

문득
텅 빈 교정 한가운데
허수아비처럼
멈춰 선 나

아무도 모르게
그 애를
매일 매일 사랑했던 나

지금쯤
어디서
무얼 하고 있을까

제 2장

가을 문턱에서

가을에 핀 개나리
단풍에 물든 계절
비 오는 하늘
가을 문턱에서
들꽃처럼

가을에 핀 개나리

봄에 피어야 할 개나리가
이상 기온 탓에
가을에도 꽃을 열었다

가지마다 드리운 노란 꽃
연둣빛 잎을 살짝 데려와
한 폭의 그림처럼 피어난다

꽃잎은 바람 타고
속삭이듯 흘러내리며
각 가지가 품은 사연을 전한다

가던 길 멈춰 서서
물감으로도 담을 수 없는
진한 그리움에 잠긴다

가을에 핀 개나리는
수줍은 미소로
봄의 인사를 건넨다

새 봄에 다시 오겠다고
약속하며

단풍에 물든 계절

설악산 단풍은
고운 선홍빛으로
산을 붉게 물들였다

청도 운문사 단풍은
연지 곤지 찍은
새색시 얼굴처럼
고요히 물들었다

노랗게 물든 은행잎은
파란 하늘에 맞닿아
바람이 불면
힐끗 고개 들어 주위 살핀다

여름 뙤약볕을 견디고
찬 이슬 서리를 맞으며
단풍은 더 깊고
아름다운 색으로
우리 곁에 찾아왔다

비 오는 하늘

비 오는 날
하늘을 올려다보면

당신의 앓는 소리가
빗소리에 섞여
들려오는 듯해요

팔다리 쑤셔도
독한 농약 뿌리던 날들

하루쯤은 쉬어도 되는데
그럴 수 없다는 걸
더 잘 알고 계셨지요

뿌연 막걸리 한 사발
맘껏 마시지 못했던 가난
어린 딸 마음에도
가슴 아프게 스몄지요

아버지
얼굴 주름 고랑이 깊어져
하회탈 미소 지으셔도

저에겐 여전히
가장 따뜻하고
가장 소중한 분입니다

사랑합니다
아버지

가을 문턱에서

여름은
뜨겁던 기세 접고
마지막 부채질 남기고 떠난다

가을은
낙엽 한 장 흘리며
이제 주인공이라며 웃는다

아침은 서늘해지고
점심은 아직 뜨겁다

저녁 하늘은 붉다
서서히 남색으로 젖어들고
낮과 밤은 줄다리기 한다

커피숍은 붐비고
아메리카노 잔마다
사람들 이야기 피어난다

지갑은 얇아져도
추억은 두툼해진다

낙엽처럼 쌓이는 눈웃음 속에서
우리는 계절의 깊이를 배운다

가을은
잃는 것보다
더 채워주는 달

이 가을
나는 무엇으로 채워갈까

들꽃처럼

바람 불면
조금 흔들리고

비가 오면
조금 젖는다

그래도
들꽃은 넘어진다
때론 꺾이기도 한다

하지만
다시 햇살 향해
오뚝이처럼 일어선다

누가
봐주지 않아도
그 자리에서
다시 피어나고

돌 틈에서도
자기 몫의 계절을
끝까지 살아낸다

소리 없이 피고
소리 없이 지지만

그 향은 조용히
누군가의 삶속
한 송이 꽃으로 핀다

나도
들꽃처럼 그렇게
살아가고 싶다

제 3장

여행 같은 인생

인생은 그리움 따라
머루 빛 그리움
여행 같은 인생
말 없는 진심
가을 사랑
밤의 친구
시계

인생은 그리움 따라

산다는 것은
조금씩 무엇인가
포기해 가는 것

산다는 것은
조금씩 무엇인가
쌓아 가는 것

산다는 것은
가슴 깊이 밀려오는
그리움 따라 조용히
흘러가는 것

포기하고
쌓아 가고
그리움 따라 흘러가는 것

그것이
우리네 인생이 아닐까

머루 빛 그리움

코스모스 키재기
바람에 한들한들 몸을 흔들고

황금빛 벼 사이로
메뚜기 폴짝폴짝 뛰어논다

산에는 머루가
엄마 마음처럼
새까맣게 익어 가는데

이 계절마저
뒤돌아보니
가을의 그리움으로 물들어

내 마음속
미 번지의 그리움처럼

애잔히
남아 있다

여행 같은 인생

다섯 살 어린 소녀
할머니 댁으로 버스를 타고

혼자 떠났던
첫 여행의 설렘

초등학교 6학년
경주 불국사
친구들과 웃고 떠들던
수학여행의 추억

군에 간
남동생 면회길
엄마, 아버지, 언니, 오빠와
함께한 따뜻한 가족여행

결혼 후
남편과 떠났던
신혼여행의 설렘

이제는
아들 며느리 손녀와
함께할 여행을 꿈꾸고

남편과 나
소소하게 떠날
잔잔한 여행을 기다린다

돌아보면
굽이굽이 기쁨과 슬픔

그리움과 행복이
겹겹이 쌓인 하루하루가
모두 여행 이었다

남은 여행도
아름답고 멋지게!

말 없는 진심

말이 없다고
생각이 없는 건 아니고

말이 많다고
생각이 깊은 것도 아니다

말없이 자기 할 일
자기 리듬대로
살아가는 사람

세월이 흐른 뒤에야
그 진심이
다른 이의 입을 통해
내 귀에 전해온다

때로는
무언의 침묵이
어설픈 변명보다
더 깊은 약이 된다

그래서
그저 고개 숙여 듣는다

가을 사랑

가을은
곱디고운 단풍 빛
갈대 따라 이리저리

소식 전해주는
한 폭의 풍경화 같은 사랑

한 장의 도화지에
하늘과 산 들판을 그려 넣듯

내 마음의 물감으로
구름과 단풍 들국화를 채운다

높은 하늘 흰 구름
뭉게뭉게 흘러가듯

가을은 내게
그리움을 선물 한다

밤의 친구

창문을 열면
방 안에 내려앉은 별
말없이 반짝인다

오늘 하루도 괜찮았어
나는 속삭여본다

밤새 내 이야기를 듣고
아침이면 사라진다

다시 밤이 오면
커피 한 잔과 함께
별을 찾는다

날마다
별빛과의 대화는
내 마음 깊은 벗이다

시계

아침을 깨우고
식사 시간도 챙겨주는 너

약속을 잊지 않게
너무 늦지 않도록
내 하루를 이끌어주는 너

눈을 뜨는 순간부터
잠드는 순간까지

소중한 순간 함께하는
친절한 친구

말 한마디 없지만
늘 나를 체크해주는

참 고마운 친구
시계

제 4장

언젠가 무지개

내 품 안으로 온 꿈
꿈을 품은 의자
언젠가 무지개
희망 습관
묵묵한 힘
텅 빈 하늘
마중물
용기

내 품안으로 온 꿈

내 어릴 적 꿈은
배고프지 않고
흰쌀밥 실컷 먹는 것

초등학교 때 꿈은
육성회비 밀리지 않고
책 읽고 싶은 만큼
마음껏 사는 것

중학교 때 꿈은
시인이 되는 것

고등학교 때 꿈은
문예창작과에 입학해
작가가 되는 것

직장 다닐 때 꿈은
성실하고 착한 남편 만나
현모양처 되는 것

굽이굽이 인생마다
꿈은 달랐지만

돌아보니
책도 사랑도
작가의 꿈도
하나둘 내 품에 와 있네

꿈은
이루라고 있는 거니까

꿈을 품은 의자

어린 날의 의자는
높이 올라갔다 내려오는
나만의 놀이였다

학교의 의자는
낙서와 장난 속에서도
조용히 꿈을 키워 주었다

책을 읽고 시를 쓰던 시절
그 의자는 나의 미래를
말없이 지켜보았다

지금의 의자는
노력으로 얻은 회사의 자리
꿈을 이루어 가는 통로가 되었다

다음에 앉게 될 의자는
어떤 꿈을 품고 있을까

조용히
기대하며 꿈꿔본다

언젠가 무지개

어느 구름 속에
비가 숨어 있는지 모른다

우리네 인생도 그렇다
웃음 속에 눈물이 있고
어둠 속에 빛이 있다

그러나
비가 그치면
하늘은 더욱 맑아지고
길은 다시 열린다

언젠가
찬란한 무지개가 떠오를지
아무도 모른다

희망 습관

넘어지면 어때
땅바닥이야 늘 내 편인데

구름이 가리면 어때
해는 숨었다가 다시 빛나는데

희망은 거창하지 않아
커피 한 잔에 힘이 나고
친구 한마디에 마음이 풀리듯

작은 불씨 하나가
겨울 방 안을 따뜻하게 데우는 것처럼

희망은 슬쩍 다가와
곁에 앉아 웃는다

"괜찮아, 아직 시작도 안 했잖아"

희망은 결국
"이래도 웃는다"라는
내 삶의 습관 같은 거다

묵묵한 힘

사계절 내내
푸른 옷 입고
자리를 지키는 소나무

눈보라 몰아쳐도
거센 바람 휘몰아쳐도
결코 꺾이지 않는다

고개 숙이지 않고
묵묵히 뿌리 내리며
하늘을 올려본다

그 곁에 서면
참된 강인함으로
나를 지켜내는 마음

삶의 폭풍 속에서도
당당하게 서게 된다

텅 빈 하늘

텅 빈 하늘에
내 웃음 하나 툭
풍선처럼 떠올리고

흩어진 고민들
구름 따라 둥실둥실
멀어져 간다

비워 둔 자리엔
햇살이 먼저 찾아와
나를 반짝 깨운다

내일의 하늘은
지금보다 더 쨍하게
웃음으로 맞아 주겠지

마중물

펌프질 전에 한 바가지
마중물을 붓는다

펌프질이 시작되면
시원한 물이 콸콸 솟는다

살다 보면
기쁠 때도 슬플 때도 있다

미리 준비한 마중물은
옹달샘처럼 마르지 않는다

우물에서 두레박으로
물을 길어 올리듯
삶의 굽이굽이 지나갈 때

담아 올릴 그릇도
조금씩 달라지겠지

그리고 언젠가
그 준비된 마중물로
꿈을 이룬다

용기

망설이며
한 발 뒤로 물러섰다가

"이러면 안 되지"
스스로를 다독이며
다시 한 발 내딛는다

곧 몰려오는
걱정과 두려움에
또다시 물러서도 괜찮다

중요한 건
끝내 포기하지 않는 마음

그리고
앞으로 나아가는 발걸음

그 걸음을
우리는 용기라 부른다

넘어져도 일어나고
흔들려도 웃으며 걸어가는
내 안의 작은 불씨

그래서 나는 오늘도
조금은 서툴지만

그러나 분명히
내일을 향해 걸어간다

제 5장

기억 속 별 이야기

여름, 국수를 이고 다니던 날
모래 한 줌에 담긴 사랑
오랜 친구 안경
길 위의 휴게소
봄이 남긴 편지
닮은 인생
별빛 사탕

여름, 국수를 이고 다니던 날

여름이면
학교에서 돌아오자마자
밭으로 달려갔다

콩밭을 매고
감자를 캐고
양파를 뽑았다

모내기철이면
삶은 국수를
똬베기 틀어 이고 갔다

뜨거운 김
목덜미를 타고
주르르 흘러내렸지만

그날의 나는
어른이 되었다

그 무게가
내 키를 멈추게 했는지도

하지만
그 무게가
내 마음을 강하게 만들었다

지금의
강한 나를

모래 한 줌에 담긴 사랑

소꿉놀이하던 아이 손에선
밥이 되던 모래
그때의 놀이는
먼 훗날 추억이 되었다

여름 해운대의 고운 모래
남편과 맨발로 거닐며
웃음소리 새기던
그날의 기억이 남아 있고

공사장의 굵은 모래는
시멘트와 섞여 기둥을 세우고
벽을 만들고 가족의 따뜻한
보금자리가 된다

가족의 쉼터가 되고
아이들 웃음이 자라고
햇살이 머무는 공간이 된다

건물주에겐
꿈을 짓는 재료가 되고
희망을 이루는 시작이 된다

모래는 그 쓰임에 따라
아이의 추억이 되고
부부의 기억이 되고
가족의 사랑이 되고
누군가의 인생이 된다

사소해 보여도
모래 한 줌에
삶의 무게와 사랑이
고스란히 담겨 있다

오랜 친구, 안경

중학교 2학년 때
처음 나에게 와서
책을 읽게 하고

고등학생 되어
시를 쓰게 하고
시화전을 열게 했다

직장에서
서류를 보게 하고
남편 만나 결혼했다

아이들 커가는 모습도
눈에 담게 했고

이제는
고객들의 삶을
지켜주는 일에
내 눈과 마음을 세워 준다

오랜 세월
곁을 지켜준 고마운 안경

길 위의 휴게소

출발지와 도착지는 달라도
어김없이 들르게 되는 곳
길 위의 쉼표 휴게소

남녀노소 가리지 않고
커피, 떡볶이, 감자튀김, 어묵
달콤한 유혹에 발길은 잠시 머문다

잠깐의 피로를 풀며
다시 길을 이어 간다

고향으로, 처가로, 시댁으로
산으로, 바다로 향하는 발걸음

서로 다른 여정 속에서
이곳에 한순간 스쳐 지나간다

머무름은 짧아도
길 위의 삶은 계속된다

쉼이 있어야 안전하고
보험이 있어야 든든하니까

봄이 남긴 편지

겨울 끝자락
차가운 땅을 뚫고 올라온

푸른 잎새 위에
햇살은 따스한 손길 얹는다

조금씩 붉어지며
수줍은 미소 배우는 작은 열매

바람의 자장가에 흔들리며
봄의 노래 품어간다

손끝에 스치면
햇살의 온기가 고스란히 전해지고

한입 베어 물면
새벽이슬 같은 향기와
달콤한 빛으로 물든다

그 짧은 순간에도
딸기는 계절의 편지

사랑이 붉게 익어가는
시간의 언어임을

어느새 봄날은
딸기 향기로 가득하다

닮은 인생

봄날 연둣빛 수줍음으로
세상 구경 나와
초록으로 물들고

여름엔 뜨거운 태양 아래
비바람 견디며
조금씩 자란다

가을이 오면 서리 맞은 잎은
곱디고운 자태로
색동저고리 갈아입고

겨울엔 바람에 흔들리고
비에 젖으며 빛을 물들이다가
땅 위에 살포시 몸을 눕히고

청소부 빗자루에 쓸려
퇴비가 되어
다시 자연으로 돌아간다

낙엽은
처음부터 낙엽이 아니었다

사계절 온몸으로 지나온
우리네 인생처럼 참 많이 닮아 있다

흔들리며 자라
비로소 아름다워지는 낙엽처럼

우리도 그렇게
삶의 끝에서야 비로소 삶을 안다

별빛 사탕

어린 시절 알사탕은
손에 닿지 않는 별빛 같았다

시골 마을엔 가게보다
없는 곳이 더 많아
5일장이 열려야만
부모님 장바구니 속에
겨우 찾아오는
작은 기쁨 이었다

빨주노초파남보
알록달록 무늬 두른 사탕

입안에 넣으면
사르르 녹아내리며
온 우주가 달려오는 듯
달콤함이 번졌다

이제는 현관문만 열고 나서면
쉽게 만날 수 있는 사탕이지만

그 기다림 끝에 맛보던
첫맛의 설렘은 없다

아마도 입맛이 변한 게 아니라
유년의 추억이 달콤함을
더해주었기 때문이다

아~~
어릴 때 그 맛이 그립다

제 6장

작은 상자 속마음

사랑이라는 이름의 바람
웃음의 거울
아침 루틴
흰 도화지
신호등
유리병
커피 향

사랑이라는 이름의 바람

툇마루
할머니 무릎 베고 누우면
부채로 더위를 쫒는 손길

그 바람은
할머니의 사랑이다

밭일 끝낸 남편이
모자를 벗어
아내 얼굴에 부채질할 때

그 바람은
남편의 사랑이다

잠든 동생 더울까
선풍기 바람 방향을 바꾸고
파리 쫒는 손길

그 바람은
형의 사랑이다

부채 바람도
모자 바람도
선풍기 바람도

나는 그 바람을
"사랑"이라
이름 지어본다

웃음의 거울

아침 거울 앞에 서면
오늘의 약속을 다시 적는다

웃음을 먼저 건네고
근심은 살짝 매어 놓고

이마의 주름은
세월이 쓴 문장
눈가의 미소는
내 마음이 남긴 여백

얼굴은 늘 정직해서
숨기려 해도 드러나고
감추려 해도 드러난다

그래서 좋다
그 안에 내가 살아온 날들이
고스란히 비치니까

오늘도 나는
얼굴에 빛을 걸어둔다
머문 웃음이 곧 나의 빛

그 웃음으로
나는 나를 지키고
누군가를 따뜻하게 비춘다

아침 루틴

눈을 뜨면
남편과 아침 인사 나눈다

"잘 잤어? 사랑해."
짧은 인사 속에 하루가 열린다

체중계에 올라
오늘의 나를 확인하고

달력 한 귀퉁이에
숫자로 다짐을 적는다

계단을 오를 때마다
숨이 깊어지고

수제 요플레
삶은 계란 한 개 사과 한 개

소박하고 단정한 식사
배는 가볍고 마음은 든든하다

휘파람을 불며
차에 시동을 건다

창밖으로 스치는 바람
좋아하는 강의 들으며
마음을 조용히 다독인다

이 아침
루틴 하나하나가
활기차게 열어준다

내일도 익숙한 루틴이
나를 기다리겠지
건강한 나를 위해

흰 도화지

첫걸음
첫 말
첫 책

지울 건 지우고
남겨야 할 것만 물들인다

기쁨은 붉게
눈물은 푸르게
사랑은 노랗게

봄은 연두로
여름은 짙은 초록으로
가을은 황금빛으로
겨울은 흰 눈으로 남긴다

버킷리스트를 적고
마음 가는 색으로 채운다

한쪽은 오지 않은 날들 위해
미리 비워 둔다

한 장의 흰 도화지
태어난 순간부터
마지막 날까지

물감으로 스며들고
비워둔 여백마저
한편의 멋진 그림이 된다

신호등

빨간 불이 켜지면
세상은 멈춤의 호흡을 배운다

서두르던 발걸음도
흩날리던 마음도 고요히 머문다

초록 불이 켜지면
길은 한순간 열리고
망설임 끝에 내딛는 발걸음
새로운 시작의 노래가 된다

노란 불은
잠시의 망설임 속에서
삶의 속도를 묻는다

멈출 것인가 건널 것인가
그 짧은 순간은
언제나 깊은 생각을 품고 있다

붉음과 푸름 그리고 그 사이 노랑
세 가지 색으로 세상을 물들인다

신호등은
말없이 가르쳐 준다

삶은
멈춤과 출발 기다림이
어울려 이루는 길이라는 것을

유리병

물을 가득 담고
꽃 한 송이 꽂으면
나만의 꽃병이 되고

천 마리 종이학을
살며시 담아두면
소망을 품은 그릇이 되고

하고 싶은 일들을
조용히 적어 넣으면
버킷리스트가 되어
가슴 한켠에 빛난다

유리병은
쓰임에 따라
꽃을 피우고 꿈을 담고
소망을 이룬다

반짝이는 모습은
다가올 내 미래를
닮아 있다

커피 향

운전 중
차 안 가득 퍼지는
커피 향

기분 좋은
행복이 스며든다

누군가에겐
피곤함을 달래고

누군가에겐
기다림의 휴식

어쩌면
그리운 추억 한 잔

커피 향은 오늘도
행복으로 마음 데운다

제 7장

부모님의 깊이

자전거 위의 아버지
여름, 엄마의 밥상
아버지의 연필
엄마의 장갑
친정엄마

자전거 위의 아버지

초등학교 입학식 날
아버지 짐실이 자전거 뒤에 타고

십 리 비포장도로를
덜컹거리며 달릴 때
엉덩이가 많이 아팠습니다

운동장 주변 노점에서
입학 선물이라며
붕어빵을 사주셨지요

팥 앙금 가득한 붕어빵을
삼키던 그 달달한 느낌이
문득 되살아나
아버지 생각에 목이 멥니다

초등학교 3학년 무렵
내 등치보다 더 컸던
짐실이 자전거를 끌고

넘어지고 일어나기를
수없이 반복한 끝에

드디어
자전거를 타게 되었고

흐뭇하게 바라보시던
아버지의 얼굴이

아직도
선명하게 떠오릅니다

문득
자전거를 바라보다

그때 그 시절이 그리운 건지
아버지가 그리운 건지

여름, 엄마의 밥상

여름이면 엄마는 이웃과
상추 쌈 배추를 나누고
직접 담근 된장으로
쌈장을 만드셨다

밥 한 솥 짓고 감자 찌고
겉절이 무치며
오가는 이웃에게
인심을 담아 내어주셨다

나는 그 시절이
가물가물한데
초·중학교 친구들은

그 여름, 울 엄마 밥이
얼마나 맛있었는지
지금도 웃으며 말한다

겉절이, 쌈장, 상추 한 줌
단출했던 그 밥상이

지금 와 생각해 보면
엄마의 사랑이었다

가난한 살림에
주고 싶어도
다 주지 못했던 마음

그 여름 밥상이 그리운지
엄마가 그리운지
이 더운 여름날

문득
눈시울이 붉어진다

아버지의 연필

끝이 닳아도 멈추지 않고
흰 종이 위에 새 희망을 그린다

지우개 끝으로 후회는 지우고
남은 마음으로 다시 길을 쓴다

처음 글을 배우던 날
필통 가득
곱게 깎아 주시던 아버지

저녁이면
내일 쓸 연필을 챙겨 주시던
그 따스한 손길

이제는
그리움으로만 남았지만
내 마음 속엔 언제나
아버지의 사랑이 쓰여 있다

오늘도
그 연필로 내 하루를 마무리 한다

엄마의 장갑

어머니가 밤마다
털실로 짜주시던 장갑

내 겨울은 그 안에서
언 손을 녹이며 자랐다

언니, 오빠, 동생과
세찬 바람 골목길 누비던
그 기억은 엄마 품처럼
지금도 따스하다

장갑은 작은 화로 같아
바람 한 점 스며들지 못했고
실밥마다 사랑이 매달려
겨울 눈꽃처럼 피었다

세월이 흘러
누군가의 겨울을 감싸는
또 다른 장갑이 되어

내 손은 그 온기를 이어 간다

친정엄마

육 남매 중 넷째
2남 4녀 중 셋째 딸

셋째라
귀염도 받고
사랑도 맘껏 받았지

남들은 그렇게 말했지
큰언니는 맏이라서
작은언니는 언니라서
오빠는 장남이라서

남동생은 귀한 아들이라
막내는 막내라서

나는
모든 걸 참고
늘 양보해야 했지

무엇이든
챙겨주길 좋아했던 엄마

육 남매 중

깨물어도 안 아픈 손가락
어디 있냐고 물으셨지만

가난한 살림에
살아내기조차
버거웠던 그 시절

엄마 나름의
사랑하는 방법은
스스로 잘하는 자식은
믿어주는 것이었음을

이제야
조금 알 것 같다

제 8장

가장 든든한 우산

갈대가 살아가는 방법
달빛에 실은 기도
가장 든든한 우산
소나기와 보험
독서의 길
사랑을 신다

갈대가 살아가는 방법

바람이 불면
누가 먼저랄 것도 없이
모두 허리를 숙인다
겸손인 듯, 장난인 듯

휘청이다가도 곧 일어서며
강가, 들판의 무대에서
끝없이 춤을 춘다

사람들은
흔들린다고 약하다고 하지만
갈대는 안다

흔들릴 줄 아는 것이
더 단단해지는 힘이라는 것을

물결 따라 계절 따라
가끔은 하늘을 향해 손 흔들며
삶을 흘려보낸다

흔들리며 웃고 웃으며 버티는 것

그것이 갈대가 살아가는 방법

달빛에 실은 기도

정월 대보름
둥근 달이 떠오르면
먼저 두 손을 모으셨다

"아이들과 가족들
늘 건강하고 행복하길…"

달빛에 실어 올리던
어머니의 간절한 기도

마당 가득 웃음 번지고
오곡밥 향기 스며들던 밤
불빛 따라 소망이 춤추던 시간

이제는 내가 그 자리에 서서
아이들과 가족을 위해
조용히 두 손을 모은다

보름달은
여전히 둥글게 떠올라
어머니의 목소리처럼
내 마음을 감싸 안는다

가장 든든한 우산

우산을 펼치면
비 오는 날 추억이 생각난다

빗물에 젖을까 걱정되어
마중 나온 엄마의 우산

아버지 자전거 뒤에 앉아
아버지가 비 맞을까 봐
살며시 기울였던
어린 딸의 우산

내 어깨가 젖을까 봐
조심스레 내 쪽으로
기울여 주던 남편의 우산

빗속에서 어깨를 감싸 안고
나란히 걸어온 아들 우산

돌아보니
우산 속에서 나눈 순간이
사랑이 머물렀고
행복이 자라났다

비를 막아 준 건 우산
내 삶을 지켜준 건

언제나
가족의 사랑이었다

소나기와 보험

갑자기 천둥 번개로
비가 세차게 쏟아진다

우산 하나 챙기지 못한 채
건물 안에 갇혀 발만 동동

걸음을 멈추고
창밖을 바라보는 동안
빗방울이 훑고 지나간 골목마다
숨어 있던 사연들이 흘러간다

우리네 인생도 그렇다
예고 없이 몰아치는 소나기
갈 길을 멈추고 숨 고르며
기다려야 할 때가 가끔 있다

사람들은 언제 닥칠지 모를
소나기를 피해 작은 우산 하나
미리 준비해 둔다

그 이름
바로 보험

독서의 길

초등학교 때
책을 처음 품었을 때
좋은 친구가 생겼다

책 속 주인공을 부러워하며
위인전을 읽고

그들처럼 살고 싶은
희망을 가슴에 심었다

직장인이 되어
성공한 작가를 찾아가
직접 만나고

마음에 든 강사의
강의도 기꺼이 신청했다

그 귀한 인연들이
이제는 나의 나침반이 되어
앞길을 밝혀준다

사랑을 신다

검정 고무신이 싫어
시멘트벽에 문질렀다

새 운동화를 꿈꿨지만
돌아온 건 꾸지람뿐

친구들 구두가 부러웠고
샌들은 아득한 세상 같았다

어린이날
둘째 언니가 짜장면과 함께
처음 보는 샌들을 안겨주었다

사진 속
나는 아직도 웃는다

그 신발 속에 담긴 마음이
엄마의 사랑이었다는 걸

세월 지나서 알게 되었다
미안함과 고마움을 느낀다

이제 부모가 된 나
그 시절의 무게를 떠올리며

가슴 깊이
오늘도 나는
그 사랑을 신고 걷는다

에필로그

매일매일 한 편의 시를 쓸 수 있을까
수없이 고민하고 망설였던 시간들이 있었습니다

하지만 포기하지 않고
끝까지 완성할 수 있도록 이끌어주신
매일매일 시작(詩作)의 황태옥 바람시인님께
깊은 감사를 전합니다

그 응원과 격려가
흩어질 듯 흔들리던 나의 마음을 붙잡아
마침내 한 권의 시집으로 피어나게 했습니다

이제 시집을 마무리하며
나는 다시 사색에 빠져봅니다

시를 쓴다는 것은
하루의 생각을 기록하는 일이며
작은 빛 하나를 잃지 않으려
스스로에게 알리는 나의 약속이라는 것을

앞으로도
이 별빛 같은 순간들을
소복하게 모아 갈 것입니다

여러분의 마음에도
따뜻한 빛 한 점이 오래 머물기를 바라며
이 이야기를 천천히 닫습니다

저를 아껴주시고 기억해 주시는 모든 분께
다시 한 번 감사인사 드립니다.